Impressum
Herstellung und Verlag:
BoD-Books on Demand, Norderstedt
ISBN: 978-3-7322-7828-2

Inhaltsverzeichnis

Vorwort

Thailand ist ein Land, in dem Möglichkeiten im Überfluss bestehen. Die Leute sind zudem freundlich und einladend. Thailands atemberaubende natürliche Landschaften und traditionelle kulturelle Bestandteile stehen dem moderneren Gesicht des Landes gegenüber. Seine Wirtschaft gehört zu den stärksten in Südostasien. Die Hauptstadt Bangkok dient nicht nur als das Wirtschaftszentrum des Landes und als Handelszentrum, sondern ebenso als ein kulturelles und pädagogisches Zentrum. Thailand schafft auf vielerlei Weisen den Spagat bezüglich des Bewusstseins seiner Tradition und seiner Moderne. Jede von Thailands vier Regionen vertritt einen einzigartigen, aber integralen Bestandteil der Identität des Landes.

Die Bildung ist das A und O

Ähnlich wie in anderen asiatischen Ländern ist Bildung in Thailand sehr wichtig und hoch geschätzt. Die Schüler müssen strenge Prüfungen ablegen und sich gegenüber der starken Konkurrenz durchsetzen, um an die besten Universitäten zu gelangen. Auf die Ausbildung in englischer Sprache wird sehr viel Wert gelegt und die thailändische

Regierung hat zum Ziel, thailändische Universitäten in den elitären Kreis der Wissenschaft und Technik zu bringen. Das ist vor allem ein Verdienst von Thailands starker Wirtschaft und den modernen Förderungen, die das Land aller Voraussicht nach fortsetzen wird.

Die Anzahl der Studenten in Thailand steigt, sodass auch das Hochschulwesen der intensiven Erweiterung bedarf. Die Bildung der Studienprogramme in englischer Sprache steigert das Interesse und erleichtert den Zugang der Studenten aus dem Ausland. In Thailand wird kein Äquivalent zu den deutschen Fachhochschulen geboten, denn die Universität ist die alleinige Hochschulform, die Fakultäten für ausländische Studenten anbietet. Unterschiede ergeben sich nur daraus, dass es sowohl staatliche als auch private Hochschulen gibt. Das im südostasiatischen Land fest verankerte Bachelor- und Master-Programm gestattet es den ausländischen Absolventen, die international anerkannten Titel Bachelor, Master oder Doktor zu tragen.

Allgemeines über Thailand

Einleitung

Mitten im Herzen von Südostasien, etwa 10.000 km entfernt von Europa, liegt Thailand. Dieses Land besitzt eine Fläche von ca. 513000 km² und hat über 64 Millionen Einwohner. Wobei allein rund 10 Millionen Einwohner direkt in Bangkok, der Hauptstadt von Thailand leben. Die einzigartige Kultur in Thailand und das angenehme Klima während des ganzen Jahres ziehen jedes Jahr einige Touristen an. Schließlich bietet das Land mit seinen sonnenverwöhnten und feinsandigen Stränden, dem türkisfarbenen Meer und dem glasklaren Wasser die besten Voraussetzungen.

Einreisebedingungen in Thailand

Doch bevor man in seinen Thailandaufenthalt starten kann, gibt es noch ein paar Bedingungen zu beachten. Wobei die Einreise für die deutschen Touristen inzwischen ziemlich einfach ist. Schließlich dürfen Personen, die zu den 41

Ländern gehören mit denen Thailand eine diplomatische Beziehung pflegen, ganz ohne Visum nach Thailand einreisen. Wobei Deutschland, die Schweiz und auch Österreich zu diesen Ländern gehören. Um daher nach Thailand zu reisen, benötigen deutsche Touristen nur einen Reisepass, der noch mindestens eine Gültigkeit von einem halben Jahr besitzt. Gleichzeitig muss ein Rückreiseticket vorgezeigt werden können, um so der illegalen Einwanderung entgegen zu wirken. Bei der Einreise nach Thailand erhalten deutsche Touristen an den Flughäfen automatisch einen Einreisestempel, der für 30 Tage gültig ist. Dabei gelten die 30 Tage jedoch nur dann, wenn man per Flugzeug nach Thailand fliegt. Denn seit Dezember 2008 erhalten Touristen die über den Landweg einreisen nur noch für 15 Tage eine Aufenthaltserlaubnis. Obwohl man diesen Zeitraum durch ein ständiges Aus und Einreisen immer weiter verlängern kann.

Möchte man Thailand länger als 30 Tage besuchen, muss ein Visum beantragt werden. Hierbei stehen zwei verschiedene Arten zur Verfügung, welche ganz unterschiedliche Gültigkeiten besitzen. So ist das Touristenvisum bis zu 180 Tage gültig, während das Non Immigrant Visum mit den Klassen „B" oder „O" bis zu 1 Jahr gültig ist. Dabei sagt die Gültigkeit des Visums aber nichts von der Länge des Thailandaufenthaltes aus. Denn trotz eines Visums von 180 Tagen oder gar 1 Jahr darf man trotzdem nicht für so lange Zeit im Land bleiben. Stattdessen entscheidet immer der Einreisestempel, wie lange man in Thailand bleiben darf. Bei einem Touristenvisum beträgt dabei der Zeitraum 60 Tage, während man mit dem Non Immigrant Visum für 90 Tage im Land bleiben darf. Anschließend muss man aus dem Land ausreisen, obwohl man bei einem noch gültigen Visum sofort wieder einreisen kann. Jedoch sollte man immer darauf achten, dass die Ausreise rechtzeitig erfolgt. Denn sonst kann es zu Problemen kommen. Denn schon ab einen überschritten Tag fallen in Thailand Gebühren an, welche bezahlt oder sogar in einem Gefängnis vom Thailand ausgesessen werden müssen. Die Hochschulen in Thailand sind aber bei der entsprechenden Visabesorgung sehr hilfreich.

Der Reisepass

Der Reisepass (auch vorläufiger Reisepass) oder das Reisedokument muss am Tag der Ankunft in Thailand noch mindestens 6 Monate gültig sein. Kinder dürfen mit einem deutschen Kinderreisepass einreisen. Es ist hierbei zu beachten, dass die Einreise mit ein Kinderausweis **nicht gestattet** ist.

Die Thailändische Botschaft stellt keine Bescheinigungen für Personen aus, deren Reisepässe bei Einreise weniger als 6 Monate gültig sind. Beträgt die Gültigkeit des Reisepasses weniger als 6 Monate, wird die Einreise nicht gewährt sodass die sofortige Rückreise anzutreten ist. Daher wird ausdrücklich darauf hingewiesen, auf die Gültigkeit des Reisepasses zu achten.

- **Die Verlängerung von Visa kann beantragt werden bei:**

Immigration Office Thailand 507 Soi Suan Plu, South Sathorn Rd., Yannawa, Bangkok 10120 Tel.+66-2-287 3101 bis -3110, Fax +66-2-287 1310

Visum für das Studium

Für das Studium in Thailand müsste ihr ein sogenanntes „Non-Immigrant-Visa" beantragen. Das ist dann 90 Tage gültig und kostet im Moment 55 Euro. Das Visum berechtigt zur einmaligen Einreise und kann dann vor Ort in Thailand verlängert werden. Bei der Verlängerung des Visums sind die meisten Universitäten sehr hilfreichen und kümmern sich mit eigenem Personal und eure Visaangelegenheiten.

Impfungen in Thailand

Eine weitere Voraussetzung, die man vor seiner Thailandreise in Angriff nehmen sollte, sind die Schutzimpfungen. Zwar gibt es für Thailand keine vorgeschriebenen Impfungen, jedoch kann man eine Infizierung mit Malaria nicht vollständig ausschließen. Gerade in den Grenzprovinzen im Norden des Landes ist die Gefahr der Malariaanstreckung besonders hoch, daher sollten Urlauber stets ein Notfallmedikament mitnehmen. Weitere Impfungen, die für die Einreise nach Thailand empfohlen werden, sind noch Tetanus, Diphtherie, Hepatitis A und B, sowie Masern. Gleichzeitig sollten gerade bei Risikogruppen ein Impfschutz gegen Typhus, Hepatitis B, Tollwut, japan. Enzephalitis und Influenza Pneumokokken bestehen. Darüber hinaus ist beim Einreisen in eines der Gelbfieber-Endemiegebiete sogar eine Gelbfieberimpfung Pflicht. Am besten man bespricht sich vor der Reise mit seinem Arzt, um sich über seinen aktuellen Impfschutz zu informieren.

Neben einem ausreichenden Impfschutz sollte man in Thailand noch auf eine gute Hygienequalität der Nahrungsmittel und des Trinkwassers achten. Schließlich kann man auf diese Weise Darminfektionen vermeiden. Am besten nur gut durchgegarte Eier und Fleisch essen, da ein enthaltener Virus erst bei etwa 70°C abstirbt. Aus diesem Grund sollte man Nachspeisen, die teilweise aus rohen Eiern bestehen lieber meiden. Das Baden in den Binnengewässern sollte man ebenfalls unterlassen, da hier eine Ansteckung mit Bilharziose sehr gut möglich ist. Des Weiteren gibt es in Thailand zwei Krankheiten, die sehr gefährlich verlaufen können. Dazu gehört einerseits das Dengue Fieber, welches durch den Stich eines Moskitos übertragen wird. Daher ist hier ein ausreichender Schutz gegen Moskitos notwendig, um das Risiko einer Ansteckung zu vermeiden. Am besten eignen sich dazu lange und helle Kleidungsstücke sowie ein mückenfreies Schlafzimmer. Während die Supermärkte und Drogerien vor Ort zusätzlich eine große Anzahl an Produkten zum Schutz anbieten. Die andere gefährliche Krankheit ist AIDS. Besonders bei einer Tätowierung oder beim Piercing sollte jeder daher stets auf sterile Nadeln achten.

Die Wetterbedingungen

In Thailand herrscht ein tropisches Klima, wobei die Temperaturen das ganze Jahr über nicht unter 18°C fallen. Im Norden des Landes gibt es zusätzlich kaum Temperaturschwankungen, so dass sich die Jahreszeiten eher untereinander verwischen. Im Norden von Thailand sind die Schwankungen dagegen schon etwas größer. Dies betrifft sowohl den Jahresverlauf wie den Temperaturunterschied zwischen Tag und Nacht. Das Klima selbst wird in diesem Land durch den Monsun beherrscht. Wobei diese Regenzeit dafür sorgt, dass es in Thailand zu drei „Jahreszeiten" kommt. Obwohl diese längst nicht so ausgeprägt sind wie Beispielsweiße in Europa.

Besonders heiß ist es in Thailand zwischen April und August. Hier erreichen die Temperaturen schnell mal über 35 oder sogar 40°C. Dazu ist die Luft noch ziemlich schwül, was gerade den Westlern sehr zu schaffen macht. Bereits während dieser heißen Phase beginnt zwischen Juni und Oktober die Regenzeit. In dieser Zeit kommt es immer wieder zu schweren Tropenschauern, sodass auf den Straßen schnell mal bis zu 30cm Wasser stehen. Obwohl es jedoch nur selten Dauerregen gibt. Stattdessen finden die Tropenschauer meist für ein oder zwei Stunden an den Nachmittagen statt, während am restlichen Tag die Sonne scheint. Trotzdem schreckt die Regenzeit viele Urlauber von einem Besuch ab, sodass Thailand weniger überlaufen und sogar preiswerter ist als sonst.

Erst zwischen November und März kühlen sich die Temperaturen in Thailand etwas ab. Doch auch hier fallen die Temperaturen im Süden- und Zentralthailand nur selten unter 20°C. Während zwischen Dezember und Februar im Norden sogar Temperaturen von 10° erreicht werden können. Aufgrund dieser etwas angenehmeren Temperaturen liegt die Hauptsaison nach Thailand vor allem im Winter. Denn auf diese Weise kann man dem kalten Wetter entfliehen und einen wunderschönen Badeurlaub genießen. Jedoch müssen Urlauber damit rechnen, dass die Preise in Thailand nun deutlich höher liegen.

Die Währung

Als Zahlungsmittel in Thailand werden weder Euros noch Dollars akzeptiert. Stattdessen müssen alle Zahlungen in der thailändischen Währung Baht erfolgen. Wobei es für diese Währung Münzen im Wert von 1, 2, 5 oder 10 Baht gibt, sowie Scheine zu 20, 50, 100, 500 und 1000 Baht. Darüber hinaus gibt es in Thailand noch Münzen zu 25 und 50 Satang. Dabei entsprechen 100 Satang dem Wert von 1 Baht. Bereits in Deutschland kann man sich Geld für den Urlaub wechseln lassen, wobei es meist günstiger ist, direkt in Thailand zu wechseln. Der Wechselkurs selbst ist immer wieder Schwankungen ausgesetzt. Jedoch sind 47 bis 52 Baht pro Euro durchaus realistisch.

Ausreichend Bargeld ist für die Thailandreise sehr wichtig, da in diesem Land in erster Linie bar bezahlt wird. Daher sollten Touristen bereits bei der Ankunft in Thailand etwas Geld wechseln lassen. Hierbei sollte man darauf achten, dass möglichst kleine Scheine ausbezahlt werden. Denn die wenigsten Geschäfte, Restaurants oder Taxifahrer sind in der Lage einen 1000 Baht (ca. 25 Euro) Schein zu wechseln. Für den Geldumtausch am Flughafen oder direkt an der Grenze findet man zertifizierte Wechselstellen. Wobei später jede Bank in Thailand ebenfalls zum Geldwechsel geeignet ist. Dabei orientiert sich der Betrag an dem aktuellen Wechselkurs, der bei jeder Wechselstelle an einer Tafel veröffentlicht ist.

Neben dem Bargeld ist auch eine EC-Karte oder Kreditkarte sinnvoll. Mit deren Hilfe können Touristen ihr Bargeld problemlos am Automaten abholen. Jedoch beträgt der Höchstbetrag meist 20.000 Baht und ist mit Gebühren verbunden. Besonders sinnvoll ist es höhere Beträge auf einmal abzuheben, da mehrere Abhebungen kostenintensiver sind. Gleichzeitig muss so kein Geld gewechselt werden, da das Bargeld gleich in der Landeswährung ausbezahlt wird. Darüber hinaus ist inzwischen in einigen hochwertigen Hotels oder Restaurants bereits eine Bezahlung mit EC-Karte oder Kreditkarte möglich.

Regionen von Thailand

Thailand ist ein Land voller landschaftlicher und kultureller Höhepunkte. Denn hier findet man neben Gebirgslandschaften im Norden, noch kilometerlange und weiße Sandstrände im Süden. Während sich dazwischen üppiges Grün befindet, das bis zum sogenannten Elefantenrüssel reicht. Unterteilt wird Thailand dabei in 76 Provinzen, die sich in 4 unterschiedliche Regionen einteilen lassen. Die Zentralregion bildet hierbei das wirtschaftliche Herz von Thailand. Denn der Boden ist hier sehr fruchtbar, es herrscht eine hohe Bevölkerungsdichte und ein hoher Industrialisierungsgrad. Gleichzeitig ist in dieser Region die Infrastruktur am besten entwickelt. Im Süden der Zentralregion liegt die thailändische Hauptstadt Bangkok, die über einige sehr bekannte Sehenswürdigkeiten verfügt. Wie etwa Grand Palace und Wat Phra Kaeo, die auch als Wahrzeichen Bangkoks gelten. Weitere Sehenswürdigkeiten sind der Sanam Luang, Wat Pho, der Chao Phraya und die Kanäle von Bangkok. Darüber hinaus befindet sich in der Zentralregion noch Ayutthaya, die alte Königsstadt.

Der Norden von Thailand wird dagegen eher durch bewaldete Gebirgszüge geprägt. Wobei diese Gebirgszüge Ausläufer des Himalajas sind. In dieser Region herrscht ein angenehmes Klima und bieten Urlauber somit eine gute Alternative zu den südlichen Stränden. Gleichzeitig gibt es hier oft zerklüftete und tief eingeschnittene Täler, die inzwischen von größeren Städten besiedelt wurden. Eine der Städte dieser Region ist dabei Chiang Mai, ein bedeutendes Zentrum von hochwertigem Kunsthandwerk. Dazugehören neben Holzschnitzereien, noch Lackwaren, Stickereien, Korbwaren, Keramiken und Silberschmuck. Wobei sich nur 6km von der Stadt entfernt die Thai-

Celadon-Manufaktur befindet. Währenddessen leben noch heute viele Stämme in den Gebirgszügen auf ganz traditionelle Weise. Diese Stämme verehren noch zahllose Schutz- und Waldgeister und haben ganz besondere Brautwerbungsrituale. Weitere Sehenswürdigkeiten im Norden sind der Wasserfall von Mae Klang, der Wat Phra That und Phra Buddha Chinarat.

Der Nordosten von Thailand ist zwar dicht besiedelt, ist aber trotzdem eine arme Region. Dieser Teil Thailands wird ganz vom Khorat-Plateau eingenommen und fällt im Osten und Norden etwas ab. Aus diesem Grund ist der Nordosten sehr unzugänglich und könnte sich seine eigene siamesische Kultur bewahren und entwickeln. Doch obwohl diese Region teilweiße noch nicht erschlossen ist, findet man hier einige Sehenswürdigkeiten. Dazu gehört das bekannte Elefanten-Round-up in Surin, der Khao Yay Nationalpark, die Stadt Korat und das Städtchen Pakchong. Der Süden hingegen verfügt über traumhafte Strände, artenreiche Korallenriffe und palmenbewachsene Inseln. Aus diesem Grund gehört der Süden zu den am schnell wachsenden touristischen Regionen in Thailand. Denn diese Region ist für einen Badeurlaub geradezu ideal. Dabei sind Hua Hin, Krabi und Koh Samui sehr bekannte

Badeorte. Darüber hinaus sind die Inseln Ko Samui und Phuket zwei beliebte Hauptanziehungspunkte für die Touristen. Neben den Stränden bietet der Süden jedoch noch andere Sehenswürdigkeiten. Wie Beispielsweiße die Tropfsteinhöhlen Khao Luang, der Wat Mahathat und ein 15m hoher Buddha im Wat Hat Yai Nai. Gleichzeitig kann man von der Insel Phuket noch schöne Ausflüge zu Perlenfarmen oder zu den Phi-Phi-Inseln machen.

Transfer in Thailand

Thailand verfügt über eine sehr gute Infrastruktur und bietet verschiedene Transportmittel an. Auf diese Weise können Touristen ihre Reise mit einem der öffentlichen Verkehrsmittel gut und günstig organisieren. Wobei sowohl die Busse, als auch die Züge nach einem festvorgegebenen Fahrplan abfahren. Gleichzeitig bieten diese öffentlichen Transfermittel eine gute Möglichkeit, sich mit der Umgebung und der Landschaft vertraut zu machen und neue Menschen kennenzulernen.

Durch das moderne und gut organisierte Busnetzwerk werden alle größeren Städte von Thailand miteinander verbunden. Dabei gehören die örtlichen Busse zu den preisgünstigsten Transfermitteln in Thailand und werden sogar von den Einheimischen genutzt. Der Preis einer Busfahrt liegt etwa bei 0,20 Euro für etwa 1 Stunde. Jedoch sind diese Verkehrsmittel meist sehr voll und gerade für größeres Gepäck ist kaum Platz. Aus diesem Grund bieten sich für längere Busfahrten eher die bequemeren Linienbusse bzw. Expressbusse an. Diese besitzen eine Klimaanlage, verstellbare Sitze und verfügen über mehr Platz. Teilweiße sind sogar Toiletten vorhanden und es werden kalte Getränke serviert. Ebenso gut organisiert ist der Zugverkehr in Thailand, daher lassen sich gerade lange Strecken gut mit einem Nachtzug überbrücken. Auf diese Weise verliert man tagsüber keine Zeit und kann sogar das Geld für das Hotel sparen. Für das leibliche Wohl verfügen die Züge über ein integriertes Restaurant, wo Gäste Snacks, Getränke und warme Gerichte bekommen. Wobei sich Reisende ihr Essen über das Bahnpersonal auch in das Abteil bestellen können. Für Urlauber, die Thailand lieber selbstständig und flexible und selbstständig erkunden möchten, stehen Mietwagen zur Verfügung. Jedoch sollten Reisende bedenken, dass man in Thailand auf der linken

Straßenseite fährt.

Neben den Transfermitteln zwischen den Städten bietet Thailand auch vor Ort verschiedene Verkehrsmittel an. Am populärsten sind hierbei die Tuk-Tuks, eine motorisierte Rikscha. Den Fahrpreis sollte man hier vor dem Einsteigen mit dem Fahrer verhandeln. Wobei der Preis für etwa 10 Minuten bei etwa 50 Baht liegt. Eine andere Möglichkeit sind die Taxis, die in Thailand sehr preiswert sind. Gleichzeitig sind diese Verkehrsmittel gerade in den größeren Städten sehr bequem, da sie Schutz vor den Abgasen bieten. Jedoch sollten Urlauber darauf achten, dass im Taxi ein Taximeter enthalten ist. Denn Preisabsprachen vor Beginn der Fahrt sind oftmals ungünstiger für den Touristen. Ebenfalls für kurze Strecken eignet sich ein Songtaew, ein überdachter Pick-up Truck. Dieser fährt in festen Routen und man kann jederzeit aussteigen. Schließlich werden in Thailand in vielen Orten noch Fahrräder oder Mopeds zur Miete angeboten. Mit deren Hilfe können Sehenswürdigkeiten besucht oder Ausflüge in die Natur gemacht werden. Dabei ist für die Nutzung des Mopeds kein internationaler Führerschein notwendig, doch es besteht eine Helmpflicht.

Handy, Internet und Strom

Die meisten Urlauber möchten auch in Thailand nicht aufs Handy verzichten. Zum Glück ist dies kein Problem, da das thailändische Handynetz sehr gut ausgebaut ist. Gleichzeitig kann das eigene Handy problemlos zum Telefonieren genutzt werden. Jedoch sollte man bedenken, dass dies durch die Roaming Gebühren schnell teuer werden kann. Besonders gut eignet sich daher die deutlich günstigere SIM Karte in Thailand. Diese erhalten Urlauber in jedem Handy Shop und können anschließend deutlich preiswerter nach Deutschland telefonieren.

Das Internet ist in Thailand inzwischen ebenfalls sehr gut ausgebaut. Wobei die meisten Hotels sogar über kostenloses WLAN verfügen. Somit sind Geschäftsleute im Ausland stets erreichbar und können sich über eine stabile und flotte Internetverbindung freuen. Doch selbst Urlauber, die ohne Laptop einreisen, müssen nicht aufs Internet verzichten. Schließlich gibt es in Thailand viele Geschäfte mit Internetanschluss oder Internetcafés, mit deren Hilfe man auf seine E-Mails oder dem Web zugreifen kann. Jedoch ist die Thai-Tastatur am Anfang etwas gewöhnungsbedürftig.

War Strom bis vor einiger Zeit teilweiße noch Luxus in Thailand, ist die Stromversorgung inzwischen fast durchgängig stabil. Selbst für den Anschluss von Elektrogeräten wird kaum noch ein Steckdosenadapter benötigt. Eher sollte man sich einen Mehrfachstecker mitbringen, wenn man viele Ladegeräte gleichzeitig anschließen möchte. Trotzdem kann es in einigen Gegenden noch dazu kommen, dass noch alte Steckverbindungen existieren. Somit ist die Mitnahme eines Adapters in einige Gebiete ratsam.

Die Menschen in Thailand

Mit seinen 67 Millionen Einwohnern wird Thailand oft als Land des Lächelns bezeichnet. Dies liegt vor daran, dass hier viele lächelnde Menschen angetroffen werden, denn die Thais sind sehr freundlich und auch tolerant. Schon immer war Thailand eine multireligiöse und multiethnische Gesellschaft. Daher sprechen gut 85% der Einwohner eine

Variante aus der thailändischen Sprache und teilen miteinander eine gemeinsame Kultur. Trotzdem bestehen in vielen Gebieten des Landes noch starke regionale Eigenarten und Glaubensrichtungen. Jedoch in den Schulen von Thailand wird Zentralthai gelehrt und dies sogar innerhalb der Politik gesprochen. Zusätzlich verfügen die verschiedenen Regionen über ganz unterschiedliche Dialekte. Religiöse Vorstellungen aus dem Ahnenkult, Animismus, chinesischen Volksglauben, Hinduismus und Buddhismus haben einen starken Einfluss auf das Handeln und Denken der Menschen in Thailand. Wobei etwa 94% der Menschen in Thailand sich zum Buddhismus bekennen. Für die Thais ist der Kopf gleichzeitig der Sitz der Seele und gilt als heiligstes Körperteil. Währenddessen gelten die Füße als eher schmutzig, daher ist es beleidigend, über jemanden hinwegzusteigen. Darüber hinaus wird die Seniorität in der thailändischen Gesellschaft sehr ernst genommen. Daher sind jüngere Geschwister den Älteren zum Gehorsam verpflichtet, während die älteren Geschwister für den Schutz der Jüngeren zuständig sind.

Kultur und Religion

Jedoch hat die Religion nicht nur Einfluss auf den Alltag der Thais, auch ihre Kultur wurde stark durch den Buddhismus geprägt. So lassen sich zahlreiche Tempel, Schreine und Buddhastatuen selbst in größeren Städten finden. Während Mini-Geisterhäuschen, Einfamilienhäuser oder Einkaufszentren bei der Beschwörung der Geister helfen sollen. Gleichzeitig haben die meisten regionalen und nationalen Feste in Thailand einen buddhistischen Hintergrund. Die Feste sind meist sehr farbenfroh, während die Ahnen oder Buddha gehuldigt werden. Dabei sind die buddhistischen und staatlichen Feiertage nicht an einen bestimmten Tag gebunden, sondern orientieren sich meist nach dem Mondkalender. Eins der wichtigsten Feiertage Thailands ist das Songkran (Neujahresfest). Dies findet zwischen dem 13 und 15 April statt, wobei sich die Thais gegenseitig mit Wasser bespritzen. Meist im November findet dagegen das Loi Krathong statt. An diesem Tag werden kleine Flöße, welche mit Kerzen und Blumen geschmückt wurden in die Kanäle oder Flüsse gesetzt. Zu den buddhistischen Feiertagen gehören zusätzlich das Visakha Puja, das Makha Bucha und das Ok Phansa. Darüber hinaus werden natürlich noch die Geburtstage des Königspaares und der Jahrestag der Krönung als offizielle Feiertage gefeiert.

Ein wichtiger Bestandteil der Kultur in Thailand ist die Architektur, wobei das hölzerne Pfahlhaus zu den traditionellsten Wohngebäuden gehört. Diese Gebäude wurden an das Klima des Landes angepasst und bieten Schutz vor Überschwemmungen und wilden Tieren. Da Holz jedoch inzwischen ziemlich teuer geworden ist, findet man heute in Thailand eher Gebäude aus Fertigbauteilen oder Beton. Trotzdem sind in Thailand noch immer Zeichen der religiösen Architektur zu finden. Wobei es einige historische Architekturen sogar ins UNESCO-Welterbe geschafft haben. Dazu gehören Si Satchanalai, Kampfaeng Phet, die historischen Parks der Ruinenstadt von Sukhothai, die bronzezeitliche Ausgrabungsstätte Ban Chiang und der Geschichtspark Ayutthaya.

Ein weiterer Zweig der thailändischen Kultur ist die Theaterkultur, die sich von einem westlichen Theater grundlegend unterscheidet. So wird das Theaterstück in Thailand von einem Erzähler vorgetragen, während das Stück mit Musik untermalt wird und Pantomime auf der Bühne tanzen. Die Theaterstücke selbst entstammen oftmals märchenhaften Legenden oder den thailändischen Epos Ramakian. Weitere Bestandteile der Theaterkultur sind das traditionelle Maskenspiel Khon, die Theaterform

Lakhon und das Schattentheater Nang Yai. Auch in den Bereichen Literatur, Musik und Kunsthandwerk besitzt Thailand ein kulturelles Erbe. Wobei die frühen thailändischen Literaturwerke noch stark durch die indische Kultur geprägt wurden. Besonders bedeutend in der Literaturkultur ist das Epos Ramakian, welches auf den Nationalepos Ramayana basiert. Die thailändische Musik vereint Einflüsse aus der indischen und chinesischen Musik. Wobei das Pi Phat das klassische Orchester in Thailand ist. Weitere Orchesterformen sind Khruong Sai und Mahori. Während die Weberei, die Töpferkunst und die Verzierung von Gegenständen, wie Möbel, Kannen und Becher zur Kultur des Kunsthandwerkes zählen.

Landwirtschaft und Industrie

Inzwischen gehört Thailand in der Welt längst schon zu den wirtschaftlich stärkeren Ländern und verfügt über viele Handelspartner. Dabei hat sich das früher eher landwirtschaftlich orientierte Land durch die Industrialisierung längst in ein schnell wachsendes Schwellenland entwickelt. Trotzdem gehört die

Landwirtschaft immer noch zu den bedeutendsten Wirtschaftszweigen in Thailand. Dabei ist der Reis die Hauptnutzpflanze des Landes, die in Thailand in sehr großen Mengen angebaut wird. Anschließend wird der Reis in erster Linie in die großen Staaten und Kontinente verschickt, wie beispielsweiße nach Europa und die USA. Darüber hinaus werden noch Naturkautschuk, Ananas, Maniok, Mais, Zuckerrohr, Sojabohnen und Kenaf in Thailand angebaut. Ebenso wichtig für die Agrarwirtschaft in Thailand ist die Forstwirtschaft. Schließlich werden hierbei wertvolle Harthölzer, wie Bangkirai und Teak exportiert. Wobei Teak nach Reis das zweitwichtigste Exportgut ist. Anschließend gehört Thailand noch zu den wichtigsten Garnelenlieferanten, sodass die Garnelen und weitere Schalentiere täglich nach Übersee verschifft werden.

Im Bereich der Industrie hat sich Thailand vor allem auf die Verarbeitung von Textilien, Bekleidungen und der Elektronik spezialisiert. Wobei die Herstellung von Kraftfahrzeugen und den dazu benötigten Einzelteilen zum wichtigsten Industriezweig gehört. Zusammen mit den Wirtschaftszweigen der Stahlproduktion, der Herstellung von Elektronik- und Elektrogeräten, der Textilindustrie und der Verarbeitung von Produkten aus der Landwirtschaft werden bis zu 45% der Wirtschaftsleistung durch die Industrie abgedeckt. Dabei werden durch die Mode- und Textilindustrie alle hochwertigen Produkte abgedeckt. Egal ob die berühmte thailändische Seide oder weitere Textilprodukte alle sind, weltweit für ihr Design und ihre Qualität bekannt. Die Lederprodukte aus Thailand sind Mark führend in ASEAN. Während Bangkok durch hoch talentierte Designer als Zentrum der Textilindustrie wahrgenommen wird.

Das Schulsystem

Das Schulsystem in Thailand hat sich in den vergangenen Jahrzehnten ziemlich verändert. Waren früher buddhistische Klöster die Hauptbildungsstätte hat dies inzwischen deutlich nachgelassen. Stattdessen gibt es heute kaum noch religiös orientierte Schulen und Universitäten. Trotzdem hat der Buddhismus das Schulsystem noch nicht vollständig verlassen. Denn die Grundlagen der Religion gehören bis heute zum Unterricht der thailändischen Grundschulen. Wobei hier die moslemischen Provinzen eine Ausnahme bilden. Der Unterricht in der Grundschule umfasst sechs Schuljahre. Dabei werden diese Schulen von Kommunen verwaltet und sind kostenlos oder nur mit einer geringen Gebühr belastet. Die Schulpflicht der thailändischen Kinder besteht zwischen dem 7 bis 15 Lebensjahr. Sollten Kinder während dieser Zeit nicht erfolgreich die Grundschule durchlaufen haben, erlischt trotzdem die Schulpflicht. Aber obwohl erst mit 7 die eigentliche Schulpflicht beginnt, kommen in Thailand viele Kinder bereits mit 3 oder 4 Jahren in die Vorschule. Somit haben diese Kinder bereits mit 5 Jahren zum Teil Grundkenntnisse im Schreiben und Lesen. Nach der Grundschule werden in Thailand einige weiterführende Schulen angeboten. Diese bieten meist Schulgänge von 5 oder 6 Jahren an. Gleichzeitig wurden inzwischen einige wenige Schulen für blinde, taube, geistig behinderte oder mehrfach behinderte Kinder gegründet. Sobald die thailändischen Schüler die weiterführenden Schulen mit

Erfolg abgeschlossen haben, können Berufsschulen oder Colleges besucht werden. Wobei in Thailand etwa 200 Berufsschulen und Colleges zur Verfügung stehen.

Schüler, die sich nach der Schule für eine Berufsausbildung entscheiden, erhalten im Anschluss ein Berufsausbildungs-Zeugnis. Dabei haben diese thailändischen Zeugnisse einen wesentlich höheren Stellenwert, als in vielen Nachtbarländern. Grund dafür ist die Tatsache, dass in Thailand ein solches Zeugnis bestätigt, dass der Schüler einige Jahre erfolgreich eine Berufsschule besucht hat. Nach 3 Jahren Berufsschule erhält der Schüler dabei das Certificate of Vocational Education, das einfachste Berufsausbildungs-Zeugnis. Erst nach 2 weiteren Schuljahren wird dann das Higher Certificate of Vocational Education ausgestellt. Darüber hinaus gibt es in Thailand noch das Advanced Certificate of Vocational Education. Dies erhalten Studenten, die 2 bis 3 Jahre ein wissenschaftliches Studium durchlaufen und anschließend für 2 Jahre die Berufsschule besuchen.

Studium

Abschlüsse

Besonders verbreitet ist der Abschluss des Bachelors, der sich in zwei Hauptgruppen unterscheidet. Diese sind der Bachelor der Naturwissenschaften (Bachelor of Science) oder der Bachelor der Geisteswissenschaften (Bachelor of Arts). Auch die Studiendauer um diese Abschlüsse zu erreichen sind ähnlich wie in der USA und betragen etwa 4 bis 5 Jahre. Wobei die Studenten bereits nach 2 oder 3 Jahren ein Diplom erhalten, und so als Assistenten ihres Studienzweigs ausgewiesen werden. Sobald das Studium mit einer erfolgreichen Bachelor-Prüfung bestanden wurde, steht es den Studenten frei noch ein Post-Graduate-Studium anzuschließen. Dies ist wichtig, um einen Doktor- oder Master-Titel zu erhalten. Jedoch sind hierbei die thailändischen Studenten etwas unabhängiger als etwa deutsche Studenten. Denn in den meisten Studienfächern können Studenten auf einen Doktor oder Master hinarbeiten. Die Dauer Studiums für den Master-Titel beträgt etwa 1 bis 2 Jahre, während man für einen Doktor-Titel zwischen 2 und 4 Jahren benötigt. Gleichzeitig können die Doktor- oder Masterprüfungen nur an einer staatlichen Universität vorgenommen werden. In Thailand beginnt am Ende des Monats August das akademische Jahr. Lediglich in den Monaten von Juni bis August herrscht eine vorlesungsfreie Zeit, die, aufgrund der gewöhnlich hohen Temperaturen, den Studenten sehr entgegenkommt. Es sei noch gesagt, dass die Abschlüsse, die man an den Universitäten erreichen kann, denen der USA in nichts nach stehen.

Universitäten

Webster Universität (USA) Capmus Hua-Hin und Bangkok

Die Webster Universität ist eine amerikanische Universität in Thailand. Das besondere der Webster Universität ist, das sie mehrere Campusse in den verschiedensten Ländern der Welt unterhält. Zwei davon sind in Thailand und zwar in HuaHin und in Bangkok.

Wobei der Hauptcamps der beiden der in HuaHin ist und auf dem Campus in Bangkok nur die Master Kurs angeboten werden. Speziell ist dieser Campus darauf ausgelegt berufstätigen in Bangkok die Möglichkeit zugeben am Abend nach der Arbeit Vorlesungen zu besuchen.

In HuaHin hingegen, sind der viele Bachelor Studenten anzutreffen. Hua Hin ist ca. 3 Autostunden südlich von

Bangkok gelegen und bietet seinen Studenten eine atemberaubende Naturkulisse, da es direkt am Meer liegt.

Was aber viel wichtiger ist, in Webster unterrichten dieselben Professoren wie in den USA und Europa. Teilweisen kommen die auch für ein Semester respektive Trimester nach Thailand. Damit ist die Qualität der Lehr sichergestellt. Außerdem wird nur in Englisch unterrichtet. Man braucht also keine Angest wegen fehlender thailändischer Sprachkenntnis zu haben. Auch der Abschluss ist keine thailändischer sondern ein Abschluss aus den USA. Das macht die Universität umso attraktiver. Wer also einen anerkannten Abschluss aus den USA machen möchte und gleichzeitig die Kultur und Landschaft Thailands geniesen möchte, für den ist die Webster Universität genau die richtige Wahl.

Für weitere Informationen über diese Universität schon bitte im Internet auf folgender Seite: http://www.webster.ac.th

Mahidol Universität:

Die Ursprünge der Mahidol Universität lassen sich bis in das Jahr 1888 zurück verfolgen, als diese vom damaligen König Chulalongkorn (Rama V.) im Krankenhaus Siriraj gegründet wurde und bereits 1893 die ersten Abschlüsse für Medizin vergab. Die bangkoker Universität ist damit die älteste Einrichtung für akademisches Lernen und zählt heutzutage zu den Top-Hochschulen in Thailand. Doch auch international kann sie mit dem Standard von deutschen Universitäten mithalten.

Nach ihrer Gründung zum Ende des 19. Jahrhunderts folgte im Jahr 1943 die offizielle Umbenennung zur medizinischen Fakultät und bekam 1969 ihren neuen Namen „Mahidol Universität" durch König Bhumibol Adulyadej verliehen, der dadurch seinen königlichen Vorgänger Prinz Mahidol of Songkla ehren wollte, der in Thailand als Vater der Medizin und des öffentlichen Wohls bekannt ist. Neben Allgemeinmedizin und Zahnmedizin, sowie einem Studium der Pharmazie sind mittlerweile alle möglichen Studiengänge hinzugekommen: Wer sich an der Mahidol Universität einschreiben möchte, der kann zum Beispiel auch technische Berufe – wie Bauingenieurwesen oder

Verfahrenstechnik – erlernen. Doch auch Physik, Biochemie und zum Beispiel Pflanzenwissenschaften währen ein mögliches Abschlussziel. So locken 50 verschiedene Studiengänge mit einem Abschluss als Master und sogar 60 verschiedene mit einem Abschluss als Doktor für international Studierende. Ungefähr 23.800 Studenten nehmen derzeit dieses Angebot in Anspruch.

Die Universität teilt sich dabei auf drei verschiedene Campus auf, wobei der Größte davon in Salaya in der Nähe von Nakhon Pathom liegt. Die anderen beiden sind in der Innenstadt angesiedelt, in Bangkok Noi und Phayathai, wobei es auch noch diverse Teile eher provinziell bei Kanchanburi, Nakhon Sawan und Amnaj Charoen gelegen sind. Dabei sind alle Campus via Intranet mit einander verbunden und verfügen selbstverständlich über eine grundsolide Ausstattung, die zum akademischen Lernen und Untersuchen, sowie zum Durchführen von notwendigen Experimenten anregt. Gerade der Salaya Campus ist mit seinen unglaublichen 210 Hektar enorm groß und beherrbergt 26 verschiedene Fakultäten, wohingegen der Phayathai Campus mit 32 Hektar und acht Fakultäten, sowie der Bangkok Noi Campus mit seinen 12 Hektar und gerade mal drei Fakultäten schon eher klein wirken –

obwohl sie das bei näherer Betrachtung absolut nicht sind.

Für Studenten an der Mahidol Universität wird jedoch noch viel mehr geboten als lediglich ein Studium mit dem dazugehörigen Unterricht und Fachwissen: Die Mahidol University Library and Information Center (MULIC) ist die größte wissenschaftliche Bibliothek des Landes und besitzt über 1,1 Millionen Bücher. Dazu kommen noch über 30.000 Online-Zeitschriften und -Bücher, die sowohl in thailändisch, als auch selbstverständlich in englisch angeboten werden. Außerdem gibt es ein für Studenten 24 Stunden am Tag geöffnetes Computerzentrum, das Mahidol University Computing Center (MUCC), welches über 10.000 Computerplätze bietet, alle mit dem eigenen Intranet, sowie mit dem Internet verbunden. Doch auch sportliche Aktivitäten werden reichlich geboten: Neben den fünf Schwimmbecken – wobei eins sogar olympische Maße hat - können sich Studierende auf Basketball- und Tennisplätzen austoben oder das Angebot der verschiedenen Fitnessstudios annehmen. Außerdem gibt es noch Fußballplätze, Hallen für Volleyball oder andere Indoor-Sportarten, sowie Plätze für die in Thailand beliebte Sportart Pétanque, die zu den Boule-Sportarten gehört.

Jedoch kümmert sich die Mahidol Universität nicht nur um

die körperliche Gesundheit – für die selbstverständlich ein ganzes universitätseigenes Krankenhaus zur Verfügung steht – sondern auch um die geistige Erfrischung: Viele sportliche, religiöse, kulturelle oder künstlerisch angehauchte Studentenclubs sorgen für ein gutes Miteinander der Studenten. Dazu gehören auch Theaterclubs, die regelmäßig Stücke aufführen, sowie der Musikclub, der ebenfalls regelmäßig Konzerte gibt und immer wieder mit hochkarätigen internationalen Stars zusammen arbeiten. Dazu kommen Einkaufsmöglichkeiten rund um die Campus verteilt, sowie zu Beginn des Semesters einige Programme, die den Studenten den (Wieder)Einstieg erleichtern sollen. Dazu gehört zum Beispiel das Abholen vom Flughafen, ein Orientierungsprogramm, sowie ein Reiseführer für den Fall der Fälle.

Die Studiengebühren betragen im Aufbaustudium ca. 600€ pro Trimester, im Studium für den Doktortitel ungefähr 8.000€ für alles, wobei man von neun Trimestern Regelstudienzeit ausgeht. Möchte man als internationaler Student ein bis drei Trimester an der Hochschule studieren, so sollte man zusätzlich ungefähr 800€ pro Kurs einplanen. Das erste Trimester geht dabei von Juni bis August, das

zweite von September bis Dezember und das dritte von
Januar bis April.

Ramkhamhaeng Universität:

Die Ramkhambhaeng Universität (RU) wurde 1971
gegründet und ist nach König Ramkhamhaeng benannt, der
das thailändische Alphabet erfunden hat. Außerdem ist sein
Volksnähe legendär: Wenn ein Bürger seiner Zeit in
Schwierigkeiten geraten war, die derjenige nicht alleine
lösen konnte, hatte Ramkhamhaeng immer ein offenes Ohr
für seinen Untertan und stand ihm mit Rat und Tat beiseite.
Diese Einstellung versucht sich die Hochschule ebenfalls
zu eigene zu machen, weshalb die Studiengänge auch
dementsprechend gewählt sind. Doch das nicht nicht alles:
Ihre Philosophie besagt, dass alle Menschen des
thailändischen Königreichs in der Lage sein sollten zu
studieren, wenn sie das denn wünschen. Dabei stehen vor
allem individuelle Fähigkeiten, das eigene Potential, sowie
der individuelle Frieden im Mittelpunkt. Dadurch soll die
ganze Gesellschaft profitieren.

Obwohl die Universität lediglich sieben Fakultäten
beherbergt, zählt sie doch zu den international anerkannten

Hochschulen und freut sich auch weit über die Grenzen Thailands hinaus über ein wohlwollendes Ansehen. Die Studienrichtungen lassen sich dabei in Geisteswissenschaften, Betriebswirtschaftslehre, Erziehungswissenschaft, Politikwissenschaft, Rechtswissenschaft, Naturwissenschaft und Wirtschaftswissenschaft unterteilen. Um ihrer Philosophie gerecht zu werden, bietet die RU nicht nur ein vor-Ort Studium an, sondern unterstützt auch ein Fernstudium für die vielen Master-Studiengänge, sowie für die Doktorantenstellen.

Der Hauptcampus liegt in Bangkok an der Ramkhamhaeng Road in Hua Mark im östlichen Teil der Stadt. Seit der Gründung der RU ist viel Geld in die Infrastruktur geflossen, wodurch sogar die Königin von Thailand auf sie aufmerksam geworden ist und ihr einen Award verliehen hat, da der Campus sich heutzutage sogar zu einer Touristenattraktion gemausert hat. 1984 kam auch noch der Bang Na Campus hinzu, der ungefähr 25 Kilometer vom Hauptcampus entfernt an der Bang Na Handelsstraße liegt und an dem vor allem die Erstsemesterstudenten zu finden sind, die nach ihrem ersten Jahr an den Hauptcampus transferiert werden. Zum Fernstudium via Satellit wurden extra im ganzen Land kleine regionale Campus installiert, die der Bevölkerung helfen, auch außerhalb Bangkoks die Hochschule absolvieren zu können.

Selbstverständlich bietet die Ramkhamaeng Universität auch eine Bibliothek, die mit fast einer halben Million Büchern in thailändisch, sowie in verschiedenen ausländischen Sprachen, mehr als genug Stoff für das Studium bietet. Dazu kommen gut ausgestattete Computerräume, die von den Studenten kostenfrei und rund um die Uhr genutzt werden können. Eine Notfallstation an jedem Campus sorgt dafür, dass bei etwaigen Gesundheitsproblemen sofort Hilfe da ist und das „Career Planning and Placement Services Center" (SCPC) hilft jedem Studenten dabei, sein Studium zum planen und Zukunftspläne genauer zu schmieden. Außerdem unterstützt die RU ihre Studenten dabei, verschiedenen politischen und universitären Ambitionen nachzugehen und können ihnen – dank bester Verbindungen – einen Einstieg in das Berufsleben erleichtern. Auch Freizeitaktivitäten werden durch zum Beispiel Sportclubs unterstützt. Es gibt sogar ein Stipendienprogramm für Studenten, die bei Sportevents besonders erfolgreich abschneiden. Außerdem hilft die RU dem ganzen Land durch soziale Programme, wie zum Beispiel dem Bauen von Schulen oder dem Graben von Brunnen.

Gerade auf Grund der Philosophie und des guten Rufs der Hochschule ist die RU immer wieder Ziel für internationale Studenten, die ein Auslandssemester einlegen möchten. Gerade auch die preiswerten Studiengebühren von lediglich 3,50€ pro Semester und etwa 0,60€ pro Creditpoint machen die Universität sehr attraktiv. Außerdem wird neben einem chinesischen Programm auch ein englisches Angeboten, sowie eine Unterbringung direkt am Campus, die zwischen 63€ und 150€ pro Monat kostet und voll eingerichtet ist. Dabei ist zu beachten, dass die Rechnung normalerweise in bar bezahlt werden sollte und man mindestens für drei Monate in seinem Apartment zu wohnen hat. Auch ein relativ günstiges Hotel ist direkt in der nähe des Hauptcampus vorhanden, dass mit knapp 15€ pro Nacht nicht nur ein Frühstück bietet, sondern auch die Möglichkeit zunächst in Bangkok anzukommen und sich erst danach eine Unterkunft für den Aufenthalt während des Studiums zu suchen – denn das ist zumeist wesentlich preiswerter, als ein von Deutschland aus gesuchtes Apartment.

Chulalongkorn Universität:

Die Chulalongkorn Universität wurde im März 1917
gegründet und fußt auf den Bemühungen des Königs
Chulalongkorn (Rama V.), der der thailändische
Gesellschaft bessere Möglichkeiten zum Erlernen von
akademischen Berufen geben wollte, um der Kolonisierung
entgegen zu wirken. Dazu wurde 1871 eine Schule
gegründet, die 1882 weiterentwickelt wurde und sich
schließlich irgendwann zur Hochschule gemausert hat, die
heute als die älteste Universität Thailands gilt. 1962 wurde
die Hochschule erneut umgemodelt, sodass sie auch heute
noch den internationalen Standards entspricht und die
Institute weltweit mithalten können. Dabei unterstützt sie mit
ihren 2.800 Mitarbeitern derzeit 38.000 Studenten, die an
19 Fakultäten studieren.

Dabei können die verschiedensten Neigungen ausprobiert

und studiert werden: Neben Architektur und Politikwissenschaften können auch Psychologie, Medizin, Naturwissenschaften oder zum Beispiel Sportwissenschaften studiert werden – um nur mal die populärsten zu nennen. Um den Forschungsdrang zu unterstützen wurde 1978 das audio-visuelle Center of Academic Resources (CAR) gegründet, das seit dem Jahr 2000 zusätzlich noch das Chulalongkorn University Global Development Learning Network (CU-GDLN) beherbergt und eine enorm große Bibliothek inne hat.

Dazu stehen dort Computer zur freien Verfügung für die Studenten, die neben modernster Technologie auch verschiedenste Programme für unterschiedliche Verwendungszwecke bietet. Vor allem der IT-Bereich, wie auch Naturwissenschaft, Geisteswissenschaften und Sozialwissenschaften sind die Steckenpferde der Universität und können selbst international mithalten. Viele Studenten kommen deshalb aus den entferntesten Regionen und Provinzen des Landes, um ein Studium an der renommierten Hochschule zu beginnen.

Der Campus in Bangkok bietet dabei nicht nur Ort zum Lernen, sondern bietet auch die Möglichkeit, dort zu wohnen und zu leben. Es werden fünf unterschiedliche

Schlafsäle angeboten, drei für die weiblichen Studenten und zwei für die männlichen. Dazu kommen private Unterkünfte, die direkt in der Nachbarschaft der Hochschule liegen und für wenig Geld ein komfortables Zuhause bieten. Ein großer Vorteil davon liegt darin, dass die neuen Studenten direkt in Kontakt mit erfahrenen Mitstudenten treten können, die hilfsbereit bei Problemen sind und gerne helfen, sich zurecht zu finden. Auch für die derzeit circa 500 internationalen Studenten bietet sich dort ein gemütliches Umfeld zum studieren und leben.

Gerade in kultureller Hinsicht kann sich die Chulalongkorn Universität profilieren, denn es gibt eine ganze Reihe von verschiedenen Museen, die die verschiedensten Stücke aus den Bereichen des Studienangebotes beinhalten. Neben dem Museum für klassische Thai-Musik und dem Museum für medizinische Pflanzen und Geschichte der Pharmazie können sich Besucher und Touristen auch auf geologische Ausstellungen, sowie tierische Parasitologie einstellen. Dazu kommen Ausstellungen rund um die thailändischen Schnecken, sowie verschiedenen Kunstrichtungen. Das alles lockt nationale wie internationale Besucher an, die sich gerne und ausführlich über die thailändischen Forschungen informieren.

Wie bereits erwähnt sind auch internationale Studenten gerne an der Chulalongkorn Universtität gesehen. Obwohl es sich bei der Hochschule um eine staatliche Universität handelt, sind die Semesterbeiträge jedoch landesuntypisch relativ hoch: Mit ca. 350€ pro Semester bekommt man jedoch die älteste Hochschule Thailands als Wirkungsstätte geboten und kann sich während seiner Auslandszeit nicht nur fachlich, sondern vor allem auch kulturell weiterentwickeln. Außerdem ist es möglich an den diversen Clubs teilzunehmen, die von sportlichen Aktivitäten bis hin zu musikalischen und künstlerischen Freizeitgestaltungen reicht.

Thammasat Universität:

Die Thammasat Universität ist die zweitälteste Universität Thailands und wurde offiziell am 27. Juni 1934 in Tha Phra Chan auf Rattanakosin Island und am Chao Phryaya River gegründet. Der Gründer Professor Doktor Pridi Banomyong nannte die Hochschule zunächst „Universität der Ethik und Politik", womit er auf die ursprüngliche Funktion der Universität hinweisen wollte: Den Menschen Recht und Politik lehren. Diesem Ruf folgten bereits im ersten Jahr 7.094 Studenten. Seit ihrer Gründung haben bereits über 300.000 Studenten einen Abschluss erreicht. Darunter auch viele thailändische Machtinhaber, wie zum Beispiel ein ehemalige Premierminister, verschiedene politisch hoch angesehene Regierungsmitarbeiter, sowie Bundesrichter und Mitglieder des Aufsichtsrates der Bank of Thailand. Wie es ein ehemaliger Student ausdrückt: „Ich liebe

Thammasat, denn Thammasat lehrt mich, die Menschen zu lieben."

Die Hochschule teilt sich derzeit in vier Campus auf, wobei der Tha Pra Chan Campus an der Prachan Road in Bangkok liegt, der Rangsit Campus an der Patholyothin Road, Klong Luang, Rangsit in Prathumthani. Das Pattaya Learning Resort ist in Chonburi zu finden und der Lampang Campus in Hangchat, Lampang, wobei der Tha Pra Chan Campus in Bangkok vor allem für die internationalen Studenten von Bedeutung sein dürfte, weil dort neben Sozialwissenschaften auch das Programm für Auslandsstudenten angesiedelt ist. Der Rangsit Campus ist der Hauptcampus, an dem alle wissenschaftlichen und technologischen Kurse abgehalten werden. Die Thammasat Universität hat dabei sechs verschiedene Strategien festgelegt, die sowohl den Studenten, als auch der Gesellschaft weiterhelfen sollen: So soll sie zum Beispiel zunächst einmal auf Grund ihrer akademischen Standards auch international hoch angesehen werden. Dann soll sie als Thailands wichtigste Forschungseinrichtung verstanden werden, die höchst effektiv arbeitet und die Gesellschaft in Kunst und Kultur weiter voran treibt.

Doch auch außerhalb der Hörsäle versucht die

Eliteuniversität ihre Studenten auf den rechten Weg zu führen. Sportliche Aktivitäten werden hoch angesehen und unterstützt: Neben einem großen Stadion für verschiedenste Sportevents gibt es ein Schwimmpark mit unterschiedlichen Wasserbecken, Tennisplätze, viele Fitnessstudios, sowie das Rangsit Center, dass 2007 die weltweite Sommer-Universiade beherbergte. Dazu gibt es das Main Stadium, dass gerne für Leichtathletik, Fußball und andere Sportarten genutzt wird, sowie das Mini Stadium, dass sich ebenfalls für Outdoor-Sportarten eignet. Dazu verschiedene Hallen für Basketball, Volleyball und sonstige Indoor-Sportarten. Dazu kommen verschiedenste kulturelle Events, wie zum Beispiel Konzerte und Aufführungen, sowie das Museum – die „History Hall of Fame of the Thammasat University".

Natürlich gibt es auch für jede Fakultät eine eigene Bibliothek, die sowohl Allgemeinliteratur enthält, wie auch die neuesten Fachliteraturwerke – und zwar sowohl auf thailändisch, als auch zumeist in der englischen Sprache verfasst. Dabei hat jeder Campus seine eigene Bibliothek, wobei der Tha Pra Chan Campus dank seiner Größer auch die größte Bibliothek bieten kann. Dazu kommt eine eigene Datenbank, die weltweit die wichtigsten Daten sammelt und auf Abruf bereit hält. Da die Thammasat Universität dem Volk helfen will und auch für finanziell weniger gut betuchte Schüler zugänglich sein soll werden jährlich viele Stipendiate vergeben, die eine finanzielle Unterstützung bedeuten. Doch auch sonst engagieren sich Hochschule und Studenten für die thailändische Gesellschaft und helfen mit sozialen Projekten überall.

Auch für internationale Studenten ist die Thammasat Universität eine hervorragende Anlaufstelle für Auslandssemester. Mit 58 internationalen Kursen und Programmen in Englisch kann man nicht nur ein bis zwei Auslandssemester in das eigene Studium einbauen, sondern auch gleich komplett dort studieren. Dabei sollte man etwa mit 60€ pro Creditpoint rechnen. Dafür kann man dann auch an einer der renommiertesten Universitäten Thailands studieren, die nicht nur die Elite des Landes ausbildet, sondern auch international mit den weltweiten Standards mithalten kann.

Bangkok Universität:

Die Bangkok Universität (BU) gehört zu den ältesten Privatuniversitäten von Thailand und ist international hoch angesehen. Das Motto der Hochschule lautet „Die Studienabgänger erhalten Wissen gepaart mit Tugend, um die Welt zum Glück der Menschheit zu verändern.", worin sich auch der hausinternen Philosophie sehen lässt: Die Menschen haben ein Recht auf Wissen und sollen dieses Wissen durch hohe moralischen und ethischen Werte benutzen, um die Welt besser zu machen und den weniger privilegierten Menschen zu helfen.

Die BU ist dabei in zwei Campus aufgeteilt, wobei der Stadt-Campus mit den Namen Kluay Nam Tai Campus an der Sukhumvit-Straße im Bezirk Khlong Toei in Bangkok liegt und alle Studenten ab dem dritten Studienjahr beherbergt. Außerdem sind dort auch die meisten internationalen Studenten angesiedelt, weshalb dort auch das International College angesiedelt. Außerdem findet man dort das Graduiertenkolleg, seit 2006 eine Kunstgalerie und auch das Büro des Präsidenten. Der andere Campus ist der sogenannte Campus Rangsit, der an der Phahonyothin-Straße im Bezirk Khlong Luang der Proving Pathum Thani liegt, ungefähr 14 Kilometer nördlich des früheren internationalen Flughafen Don Mueang. Dort sind vor allem die Studenten des ersten und zweiten Studienjahres zu finden, sowie viele sportliche Einrichtungen, sowie das Stadion des Bangkok University FC.

Das Studienangebot ist breit gefächert und so findet man unter anderem einen naturwissenschaftlichen Bereich, Wirtschaftswissenschaften, eine Fakultät für Betriebswirtschaftslehre, Rechtswissenschaften oder Geisteswissenschaften. Dazu gibt es ein reichliches Angebot zum Lernen, zum Beispiel im Bu-Innovative and Technology Center (BU-ITC), der auf dem neuesten Stand der Technik ist und neben vielen frei verfügbaren

Computern auch viele Programme enthält, die das Studium unterstützen sollen. Wer sich ein wenig Entspannung gönnen möchte, kann dafür zum Beispiel in das hauseigene Café oder Restaurant gehen und dort ein warmes oder kühles Getränk genießen oder einen kleinen Snack zu sich nehmen.

Kulturelle Erholung kann man sich in der BU Galerie holen, denn die Hochschule vertritt die Meinung, dass Kunst ein wichtiger Aspekt des Lebens ist und den erzieherischen Prozess unterstützt. Dazu stellen sie regelmäßig Kunstwerke aus, die sowohl von Studenten, als auch von lokalen und internationalen Künstlern stammen und die Art und Weise des Denkens und Lebens der Menschen porträtieren. Neben Lesungen, Seminaren und Projekten stehen den Studenten auch Workshops zur Verfügung um sich selbst zu entfalten und ihrer künstlerischen Ader nachzugehen. Außerdem ist am Rangsit Campus noch das Southeast Asian Ceramics Museum (SACM) zu finden, das eine exotische Welt rund um südasiatische Keramik aufzeigt, die in der alten Zeit entstanden ist. Gesponsert durch den Gründer der Universität – Mr. Surat Osathanugrah – kann dieses Museum immer wieder internationale Experten anlocken, die selbst von Übersee kommen um diese prachtvolle Sammlung zu sehen und die ein oder andere Gastvorlesung zu halten.

Für internationale Studenten ist vor allem das Bangkok University International College (BUIC) von Bedeutung, denn dort finden alle Kurse statt, die nicht in thailändisch gehalten werden. Wenn man nicht Träger eines Stipendiums ist, dann kostet ein Semester zwischen 50€ und 75€ reine Studiengebühren, dazu kommen noch circa 300€ für alle Aktivitäten rund um den Campus. Sollen noch extra Kurse hinzukommen, dann müssen noch einmal ein paar Euros gezahlt werden – immer abhängig vom Kurs und den sonstigen benötigten Utensilien. Die BU ist dabei gerade bei internationalen Studenten für ihre hervorragenden Auslandssemester im Bereich Computergraphik und Multimedia, sowie internationalen Tourismus bekannt und beliebt und kann mit anderen Universitäten weltweit mithalten.

Kasetsart Universität:

Die Kasetsart Universität (KU) liegt an der Phahonyothin
Straße im Jatujak Distrikt in Bangkok und hat sich zur
Aufgabe gemacht, die nationalen Prozesse durch Kultur
und exzellentem akademischen Fleiß zu unterstützen und
zu verbessern um eine starke Position in der Welt zu
etablieren. Dabei versucht die KU Weisheit und Wissen zu
einen und setzt dabei auf Moral, Rationalität, Intellekt,
sowie das gemeinsame Wohl der Bevölkerung. Moral und
Ethik spielen eine große Rolle und sollen dabei helfen, das

thailändische Erbe zu erhalten. Die Grundwerte „Effizienz, Synergie und Integrität" sind sehr wichtig und sollen jedem Studenten mit auf den Lebensweg gegeben werden. 1904 gründete Prinz Phichaimahintharodom die Hochschule mit dem Schwerpunkt der Natur, was sich bis heute durchsetzen konnte. Allerdings bekam sie erst 1943 offiziell den Titel „Universität" verliehen.

Dabei vertritt sie mittlerweile einen breiten Bereich an Möglichkeiten des Studiums. So kann man zum Beispiel Landwirtschaft beziehungsweise Agrarwirtschaft studieren, genauso wie auch Fischzucht oder Forstwirtschaft. Doch auch Architektur, Geisteswissenschaften und Erziehungswissenschaften werden gelehrt, genauso wie Soziologie, Betriebswirtschaftslehre und Ingenieurswissenschaft und viele mehr. Dabei legt die KU großen Wert auf die Unterstützung ihrer Studenten und sorgt deshalb sowohl für ihr geistiges, wie auch für ihr körperliches Wohlbefinden. So gibt es zum Beispiel viele Einkaufsmöglichkeiten und Supermärkte, von denen einige rund um die Uhr geöffnet haben, um Studenten, die auch Nachts in einer Lernpause einkaufen wollen, die Möglichkeit dazu zu bieten.

Dazu gibt es zwei Mensas, die für eine warme Mahlzeit zur

Mittagszeit sorgen, sowie ein paar Restaurants, die ebenfalls preiswert und gut die Studenten mit Essen versorgen. Dazu kommt eine eigene Bank, eine Poststelle, sowie zwei Buchläden, bei denen man vor Ort Bücher erstehen kann. Dazu kommen etliche sportliche Einrichtungen, wie zum Beispiel Pools, Fußballplätze, Leichtathletikzentren und Hallen für Indoor-Sportveranstaltungen. Außerdem lockt die Top-Universität mit für eine solche Elite-Hochschule niedrigen Studiengebühren für internationale Studenten von ungefähr 1.400€ pro Semester, ohne dass man – wie sonst üblich in Thailand – für Kurse beziehungsweise Creditpoints extra zahlen muss.

Neben der langen Historie und dem naturwissenschaftlichen Schwerpunkt kann die KU international auch durch ihre gute Ausstattung punkten: Hochmoderne Computer stehen den Studierenden zur Verfügung und locken mit Intranet und Internet, sowie verschiedenen Programmen zur Verfestigung des bereits vorhandenen Wissens. Auch eine interne Wissensdatenbank sorgt für ein gutes Nachschlagewerk, sowie für gute Verhältnisse beim Lernen und Studieren.

Auch kulturell bieten zum Beispiel Konzerte der Musikgruppe der KU, sowie nationale und internationale Gastspieler einen schönen Abend und lassen den Stress des Studiums für ein paar Stunden abklingen.

Ein großer Park und eine nahe unberührte Natur bieten ebenfalls viel Fläche für Freizeitaktivitäten und (Gruppen)Lernen im Freien. Gemeinschaft wird sowieso groß geschrieben, weshalb auch viele Clubs vorhanden sind, die sowohl zum gemeinsamen Studieren dienen, als auch zum Aufbau sozialer Kontakte und zum „Geist frei kriegen" geeignet sind. Denn man ist sich an der KU bewusst, dass stupides Lernen nicht zum Erfolg führen wird, sondern ein gesunder Geist auch Ruhe und Regeneration braucht, genauso wie er auch Ablenkung und andere Reize empfangen sollte. Deshalb ermutigt die KU ihre Studenten zu sportlichen und künstlerischen Aktivitäten außerhalb und innerhalb des Campus.

Assumption Universität:

Die Assumption Universität (AU) hat ihre Grundzüge im Assumption Commecrial College und existiert seit 1969, damals noch als lehrende Institution für Betriebs- und Wirtschaftswissenschaft. Bereits 1972 bekam sie den Status eines Assumption Business Administration College (ABAC) und wurde dann 1990 offiziell als Hochschule anerkannt. Die AU ist eine nicht-kommerzielle Institution in

Bangkok und läuft unter dem Banner der Sankt Gabriel Bruderschaft, einer katholischen Glaubensgemeinschaft, die 1705 in Frankreich von Sankt Louis Marie De Montfort gegründet wurde und die seit 1901 in Thailand tätig ist.

An den christlichen Glauben angelehnt ist auch die Philosophie der Hochschule, die den Respekt für die drei wichtigsten Institutionen der Nation an oberste Stelle stellt: Religion, Land und König, sowie eine demokratische Lebensweise. Die Leitsprüche sind dabei LABOR OMNIA VINCIT („Die Arbeit besiegt alles") und LUX VERITAS („Die Wahrheit erleuchtet"), welche die Studenten auf den rechten Weg führen sollen. Das Christentum soll dabei nicht nur nationale Absolventen inspirieren, sondern auch internationale Studenten anlocken und zu besseren Menschen machen. Dabei sind Wahrheit und Wissen die Grundpfeiler, um der Gesellschaft zu helfen – insbesondere durch neumodische Cybertechnologie und fachübergreifende Zusammenarbeit.

Dabei lehrt die AU viele verschiedene Fachgebiete: Neben Musik und Kunst kann auch Architektur und Ingenieurswissenschaft studiert werden, ebenso wie Biotechnologie, verschiedene wissenschaftliche Bereiche der Computer- und Telekommunikationstechnologie, aber auch Krankenpflege oder Jura sind mögliche Studiengänge an der AU. Dabei bietet die Hochschule vom Bachelorstudiengang über den Masterabschluss bis hin zum Doktortitel alles, was dem potentiellen Studenten reizen könnte. Dazu kommt ein riesiger Campus mit vielen Aktivitäten – sowohl unterstützend zum Studium, als auch im Freizeitbereich. Die große St. Gabriels Bibliothek kann dabei sowohl vor Ort durchforstet werden, als auch via Internet. Eine große Datenbank voller eBooks in thailändisch und in englisch kann dabei bereits zu Hause abgerufen werden. Aber auch in den zahlreichen Computerräumen des Campus kann man mit neuester Technologie lernen und via Intranet fachspezifischen Informationen abrufen.

Die AU vertritt die Meinung, dass ein gesunder Geist in einem gesunden Körper ruht, weshalb viele sportliche Aktivitäten innerhalb des Campus durchgeführt werden können. Allen voran die Fitnessstudios, die die physischen Fähigkeiten der Studenten verbessern sollen, wodurch man sowohl im sportlichen, als auch im intellektuellen Bereich größere Erfolge erzielen soll, wozu auch auch Aerobikkurse angeboten werden. Außerdem haben die Studenten zugriff auf einen Swimming Pool, sowie eine Sauna und einem nutzbaren Fluss. Dazu kommen Räumlichkeiten für Basketball, Snooker, Squash und andere Indoor-Sportarten, sowie ein Fußballfeld, einen Bereich für Beach-Volleyball und Tennis. Auch das in Thailand sehr beliebte Pétanque kann auf vielen dafür geeigneten Plätzen gespielt werden.

Um einen gehobenen Standard gewährleisten zu können, baut die AU auf verschiedenen Traditionen und Regeln auf. So ist zum Beispiel ein eigener Dress Code vorhanden, der die Studenten dazu veranlasst, sich passend mit Anzug, Hemd und Krawatte, beziehungsweise Bluse und Rock zu kleiden und dies in allen universitätsbezogenen Räumen auch zu tun. Außerdem erwartet man von den Studenten ein moralisch und ethisch korrektes Verhalten: Konflikte sollen friedfertig gelöst werden, Verstöße gegen die Regeln der Hochschule werden nicht toleriert.

Auch internationale Studenten werden gerne gesehen. Diese kommen dank der hohen Standards der AU auch gerne und zahlen eine Studiengebühr von ca. 350 Euro pro Semester. Dafür kommen sie nicht nur in den Genuss der zahlreichen Annehmlichkeiten der Hochschule, sondern können kulturelle und fachliche Erfahrung sammeln. Warum sollte man sich also für die Assumption Universität entscheiden? Neben den hohen moralischen und ethischen Standards gibt es auch rein fachlich eine gute Lehrschaft, die perfekt auf den beruflichen Alltag vorbereitet. Dazu versuchen die Prinzipien der Hochschule die Menschheit zu verbessern und sehen in der Ko-Existenz von Religion und Wissenschaft kein Problem, sondern fördern hingegen jene Zusammenarbeit. Die notwendigen Regeln formen aus jungen Studenten einen wichtigen Teil der Gesellschaft und sorgen mit den christlichen Grundwerten wie Nächstenliebe und Frieden für die Grundpfeiler, auf die eine Nation aufbauen sollte.

Asien Institute of Technology:

Das Asien Institute of Technology (AIT) ist eine 1959 gegründete Hochschule für Ingenieurswissenschaft, die sich Khlong Luang, Pathum Thani befindet, dass ist ungefähr 40 Kilometer nördlich von Bangkok. Mit ungefähr

2.300 Studenten auf über 50 Ländern handelt es sich um ein sehr kleines und elitäres Institut, das als Motto „Über die Grenzen hinaus lernen" hat. Es bietet angehenden Ingenieuren eine hervorragende Ausbildung und zählt international zu den Top-Hochschulen – so blickt es voller Stolz auf mittlerweile über 18.000 Absolventen aus über 85 Ländern zurück. Außerdem konnte das AIT zum Beispiel 1989 den Ramon Magsaysay Award for International Understanding gewinnen. Dieser wurde verliehen für eine „neue Generation von Ingenieuren und Managern, die sich Asien verpflichtet fühlen." Das passt auch gut zu den gesteckten Zielen: „Wir möchten höchst qualifizierte und ausgebildete Fachkräfte entwickeln und ausbilden, die in ihren jeweiligen Gebieten zu den führenden Rollen heranwachsen und in der globalen Wirtschaft von großer Bedeutung sind."

Neben dem Lehrstoff besticht das AIT vor allem durch seine Internationalität: Es arbeitet mit über 120 Fachkräften aus mehr als zwanzig Ländern zusammen, die mit dem einhundert Mann starkem Entwicklerteam und dem über fünfhundert Mann starkem Support Staff zusammen über 1.000 Kurse anbieten. Dazu kommen über 400 laufenden

Projekte, die sich derzeit in der Entwicklung befinden und von nationalen und internationalen Großfirmen gesponsert werden. 32 Fachrichtungen, 330 Partnerfirmen und fünfzehn verschiedene Entwicklungszentren sorgen für einen Lehrplan, der ständig mit den neuesten Daten der Forschung gefüttert wird und die Studenten mit den absoluten Experten arbeiten lässt. Große Firmen lassen ihre Mitarbeiter für Workshops und Weiterbildungen zum AIT bringen, wodurch es auf über 28.000 Kurzzeit-Trainees aus über 70 Ländern blicken kann.

Die Themengebiete sind dabei enorm vielfältig und sind in drei verschiedenen Schulen aufgeteilt: Die School of Engineering and Technology (SET) unterstützt die Studenten auf ihrem Weg zum Master beziehungsweise Doktor und beinhaltet Studiengänge wie zum Beispiel Infrastruktur, Industriesysteme, Informationstechnologie und fachübergreifende Richtungen, wie zum Beispiel Informations- und Kommunikationstechnologie. Die zweite Schule ist die School of Environment, Resources, and Development (SERD) und beschäftigt sich unter anderem mit Energie, Agrar-Wirtschaft, Biotechnologie, sowie Natural Resources Management. Die dritte Schule ist die School of Management (SOM) und lehrt die wirtschaftlichen

Aspekte eines Businessbereiches, sowie betriebswirtschaftliche Kenntnisse und formt die Manager von morgen.

Dazu kommt eine große Fachbibliothek mit ungefähr 230.000 Büchern über Ingenieurswesen, sowie 830 Print- und Onlinemagazinen. Dazu gehört zum Campus ein eigenes Medizincenter, ein riesiges Konferenzzentrum, in dem auch Tagungen abgehalten werden, sowie Wohnungsblöcke für Studenten. Außerdem natürlich viele Sporteinrichtungen, wie zum Beispiel ein Fußballplatz, ein Pool, Tennisplätze, Badminton, Takraw, sowie eine Halle für Basketball, Volleyball und ähnliche Indoor-Sportarten. Außerdem gibt es drei Cricket Felder, auf denen Partien der thailändischen Premier League ausgetragen werden. Die Idee hinter AIT ist mittlerweile so erfolgreich, dass sie in andere Länder expandiert ist. Zunächst folgte 1993 mit dem Asian Institute of Technology in Vietnam (AITCV) ein Ableger in Vietnam.

Das AIT wird stark von internationalen Studenten frequentiert und hat sich seit seiner Gründung zu einer Elite-Hochschule entwickelt. Das ist auch an den

Studiengebühren zu sehen, die bei einem Masterabschluss mit vier Semestern (22 Monaten) knapp 20.000 Euro betragen, bei einem angestrebten Doktortitel sogar knapp 30.000 Euro bei einer Regelstudienzeit von sechs Semestern (36 Monate). Dafür bekommen die Stundeten Zugriff auf die neueste Technologie und können schon von Anfang an in den verschiedenen Projekten mitarbeiten, was ihnen auf dem internationalen Berufsmarkt selbstverständlich einen guten Vorsprung gegenüber ihren Konkurrenten einbringt. Dazu arbeiten sie direkt mit einigen der besten Forschern Asiens zusammen und lernen mehr als nur das übliche Fachwissen. Denn dort werden die Technologien von morgen bereits heute entwickelt und gelehrt.

Chiang Mai Universität:

Die Chiang Mai Universität (CMU) wurde im Januar 1964 unter König Bhumibol Adulyadej gegründet und ist damit das erste Institut mit einem akademischen Abschluss im Norden Thailands und die erste provinziale Universität des Landes. Sie sieht sich selbst als eine forschungsorientierte Einrichtung mit hohen moralischen und ethischen Ansprüchen, die eine hohe Qualität bezüglich der wirtschaftlichen und philosophischen Ziele anstreben möchte. Chiang Mai ist die kulturell und wirtschaftlich wichtigste Stadt im nördlichen Thailand und unterstützt die staatliche Universität, die den internationalen Standard hält, mit bestem Wissen und Gewissen.

Dabei teilt sich die Hochschule in vier Campus auf, wobei der Suan Sak Campus der Hauptcampus ist. Dieser ist mit 249 Hektar sehr groß, ungefähr fünf Kilometer westliche des Zentrums der Stadt gelegen und beherbergt unter anderem die Fakultäten für Architektur, Geisteswissenschaft, Wirtschaftswissenschaft, das College of Arts, sowie die Fakultät der Politikwissenschaft und der Rechtswissenschaft, dazu kommt das Präsidium der Universität und das Hauptsekretariat, sowie viele Sporteinrichtungen.

Ein wenig näher an der Stadt gelegen ist der Suan Dok

(„Garten der Blumen") Campus, der circa 45 Hektar groß ist und an dem alle Studiengänge rund um Gesundheit und Medizin gelegen sind: Pharmazie, Allgemeinmedizin, Zahnmedizin und Krankenpflege wären nur einige Beispiel der vielen verschiedenen möglichen Richtungen. Außerdem findet sich dort die Uni-Klinik, die ungefähr 1.700 Betten besitzt und jährlich weit über eine Millionen Patienten behandelt.

Der Mae Hea Campus liegt ungefähr fünf Kilometer südlich des Hauptcampus und beherbergt auf seinen 350 Hektar sowohl die Fakultät für Agrar-Wirtschaft, als auch die Fakultät für Veterinärmedizin. Die neueste Errungenschaft der Chiang Mai Universtität ist der Lamphun Sri Bua Baan Campus, der mit 765 Hektar der größte Campus der Hochschule ist und an dem alle anderen Studiengänge gelehrt werden. Dazu gehören zum Beispiel Kunst, aber auch wirtschaftliche Studienfächer und alles, was in Richtung Medienwissenschaft geht.

Wer gerne direkt auf dem Campus wohnen möchte, sollte für ein Einzelzimmer ungefähr 500 Thai Baht (ca. 12,50€) pro Tag rechnen, wobei ein Doppelzimmer jedoch nur 100 Baht teurer wäre. Dafür können Studenten rund um die Uhr die hauseigene Bank benutzen, das Information

Technology Service Centre (ITSC) mit vielen Computerplätzen und Internetzugang für e-Learning oder private Zwecke einsetzen oder auf die vielen sportlichen Angebote zurückgreifen: Neben Badminton, Basketball, Gold, Feldhockey, Boxen, Tennis und Fußball werden unter anderem auch noch Volleyball, Wasserpolo, Softball, Rugby, verschiedene Kampfsportarten und gymnastische Trainingskurse angeboten. Sogar Thai-Tanz ist eine mögliche Freizeitbeschäftigung. Dazu kann man Studentenclubs gründen oder bereits bestehenden beitreten, um in der Gruppe den Beschäftigungen nachzugehen.

Pro akademisches Jahr sollte man von einer Studiengebühr von mindestens 2500 Euro ausgehen, abhängig vom gewählten Studiengang. Dafür bekommt man nicht nur Zugang zu allen sportlichen Aktivitäten, den großen und fachlich gut ausgestatteten Bibliotheken, sowie Computer und Internet, sondern kann sich auch von den kulturellen Errungenschaften des Landes verzaubern lassen. Dazu zählt unter anderem auch das CMU Kunstmuseum, dass seit 1998 existiert und neben nationalen Künstlern auch internationale Ausstellungen, sowie ausländische und kulturell wertvolle Filme zeigt. Außerdem hat es sich zum

Ziel gesetzt die Kultur Nordthailands, einst als Königreich Lanna bezeichnet, zu erhalten und an die nächsten Generationen weiter zu vererben. Dazu bringt es alle zwei Monate eine Zeitschrift heraus und veranstaltet jährlich ein internationales Festival. Passend zu diesem Grundgedanken stellt das Hor Phra Wat Ma Ha Wittayalai Chiang Mai (die Pin Mala Kunsthalle) nationale Artefakte und Kunstwerke aus, die von 1960 bis heute eine geschichtliche Spur in der CMU hinterlassen haben. Dazu kommt eine Hall of Fame, die alle ehemaligen Präsidenten ehrt.

Das Land der Traditionen

Ausländische Studenten wollen auch während ihres Aufenthalts die Kultur des Landes kennenlernen. Thailand steht nicht nur für die traditionelle Ausbildung und Modernität; anderswo im Land ist das Leben so geblieben, wie es schon immer gewesen ist. Das nördliche, gebirgige Gebiet des Landes beherbergt Thailands zweitgrößte Stadt Chiang Mai. Chiang Mai ist eine vielseitige und internationale Stadt, aber Reste seiner Vergangenheit, wie Tempel und die Überreste eines Burggrabens, der einmal die Stadt umgeben hat, sind offensichtlich. Das Umgebungsgebiet beherbergt mehrere einheimische Stämme, die ihrem Lebensstil treu geblieben sind, den sie bereits vor einigen Jahrhunderten gepflegt haben.

Ein Großteil der proaktiven Arbeit, die in Südostasien hinsichtlich der Ökologie und der Umgebung, der Landwirtschaft und den Entwicklungsstudien geleistet wird, geschieht in Thailand. Es ist demnach nicht allzu überraschend, dass das Auslandsstudium in Thailand den hohen Erwartungen der ausländischen Studenten – mit Interesse an diesen Themen – gerecht wird. Programme in

Zusammenhang mit der Ökologie, den menschlichen Gemeinschaften und der Entwicklung sind populär, und Studenten entscheiden sich überwiegend für das dortige Studium, um die Breite von Thailands natürlichen Umgebungen und Landschaften zu erfahren, während sie auch einige der traditionellsten und zerbrechlichen Aspekte der thailändischen Kultur kennenlernen. Und natürlich besteht noch die Möglichkeit – obwohl es nicht so populär oder weit gesprochen ist wie einige der anderen asiatischen Sprachen – bei Interesse, Thai zu erlernen und durch Kommunikation zu verbessern.

.